KB272472

나를 단단하게 만드는 태도는
질문에서 시작된다

나를 단단하게 만드는 태도는
질문에서 시작된다

초판 1쇄 펴낸날 2026년 4월 1일

지은이 김한수
펴낸이 이종근
펴낸곳 도서출판 하늘아래

주소 경기도 고양시 일산동구 하늘마을로 57- 9 3층 302호
전화 (031) 976-3531
팩스 (031) 976-3530
이메일 haneulbook@naver.com
등록번호 제300-2006-23호

ISBN 979-11-5997-133-4 (03190)

나를 단단하게 만드는 태도는
질문에서 시작된다

김한수 지음

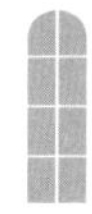

우리는 흔히 삶이 어떤 결정적인 사건을 통해 달라질 것이라 기대한다. 하나의 선택, 하나의 용기, 하나의 전환점이 인생의 궤도를 단번에 바꾸어 놓을 것이라 믿는다.

그러나 시간이 지나 돌아보면, 삶은 그렇게 극적으로 변해 온 적이 거의 없다. 삶의 방향은 언제나 조용히, 그리고 느리게 바뀌어 왔다. 아무도 보지 않는 자리에서의 태도, 혼자 있을 때의 생각, 사소하다고 여겨 넘겼던 하루의 선택들이 쌓여 지금의 삶을 이루고 있다.

이 책은 그 '누적된 조용함'에 대해 말한다. 눈에 띄는 성취보다, 설명되지 않는 태도에 관해 묻는다. 잘 해냈는가가 아니라, 어떤 마음으로 하루를 보냈는가를 돌아보게 한다.

삶이 흔들릴 때 문제는 대개 상황이 아니라 태도에 있다. 상황은 언제나 변덕스럽지만, 태도는 반복을 통해 길들여진다. 감정은 쉽게 고갈되지만, 태도는 조용히 사람을 버티게 한다.

그래서 이 책은 감정을 자극하는 문장이 아니라, 태도를 점검하게 만드는 문장들과 질문으로 이루어져 있다. 읽는 순간의 공감보다, 시간이 지나도 마음에 남아 다시 돌아보게 되는 문장을 목표로 삼았다.

이 책의 문장들은 위로를 앞세우지 않는다. 대신 질문을 남긴다. 지금의 삶을 어떤 기준으로 살아가고 있는지, 무엇을 당연하게 넘기고 있는지, 무엇을 자주 미루고 있는지, 그리고 오늘의 선택에 얼마나 책임지고 있는지를 묻는다.

질문은 불편할 수 있다. 그러나 삶을 단단하게 만드는 것은 언제나 편안한 확신이 아니라, 스스로에게 던진 정직한 물음이었다.

필사라는 형식을 택한 이유도 여기에 있다. 문장을 손으로 옮겨 적는 일은 생각보다 많은 시간을 요구한다. 그 느린 시간 속에서 우리는 비로소 자신의 상태를 속이지 못하게 된다. 눈으로 읽을 때는 지나쳤던 문장이, 손을 거칠 때는 멈추어 서게 만든다.

필사는 이해의 속도를 늦추고, 사유의 깊이를 키운다. 이 책의 문장들은 그래서 빠르게 소비되기보다, 천천히 몸에 스며들기를 바란다.

삶을 단단하게 만든다는 것은 더 강해진다는 뜻이 아니다. 흔들리지 않는다는 말도 아니다. 오히려 흔들릴 수 있음을 인정하되, 그 흔들림 속에서도 중심을 잃지 않는 상태에 가깝다.

이 책은 그 중심이 어디에서 만들어지는지를 묻는다. 특별한 순간이 아니라, 매일 반복되는 하루 속에서 어떤 태도를 선택했는지가 결국 삶의 무게를 결정한다는 사실을 조용히 되짚는다.

이 책을 읽는 동안 삶이 갑자기 달라지지는 않을 것이다. 그러나 하루를 바라보는 시선은 달라질 수 있다. 사소하다고 여겼던 순간들이 사실은 삶의 기초였음을 깨닫게 될지도 모른다. 그리고 그 인식의 변화가 쌓일 때, 삶은 겉모습이 아니라 내부에서부터 서서히 달라지기 시작한다.

이 책은 정답을 제시하지 않는다. 대신 스스로에게 질문을 남긴다. 그 질문들이 하루의 태도를 바로 세우고, 그 태도가 반복되어 삶의 결을 만든다. 이 책이 당신의 삶을 대신 설명해 주기보다, 당신이 자신의 삶을 더 정확하게 바라볼 수 있도록 돕는 도구가 되기를 바란다.

차례

🌿 들어가는 말 4

1장

마음을
단단하게
만드는 태도

1. 자기 존중 - 나를 함부로 대하지 않는 마음 12

2. 겸손 - 낮아짐이 아니라, 비워두는 힘 15

3. 인내 - 버티는 힘이 아니라, 기다리는 태도 18

4. 평정심 - 요동치지 않음이 아니라, 다시 중심을 찾는 힘 21

5. 침묵의 성숙함 - 생각을 회복하는 시간 24

2장

관계 속에서
나를 지키는
태도

1. 너그러움 - 이해하려는 쪽을 선택하는 마음 30

2. 용서 - 내 마음의 매듭을 푸는 일 33

3. 경계 세우기 - 모두를 받아들이지 않아도 되는 용기 36

4. 공동체 의식 - 나만이 아니라, 우리를 인식하는 태도 39

5. 존중 - 다름을 틀림으로 만들지 않는 태도 42

3장

삶을 앞으로
이끌어주는
태도

1. 절제 - 하지 않는 것을 선택할 줄 아는 힘 48

2. 꾸준함 - 대단하지 않아도 멈추지 않는 힘 51

3. 자기계발 - 어제의 나를 넘기 위한 선택 54

4. 책임감 - 선택의 무게를 떠안는 태도 57

5. 방향 감각 - 속도가 아니라, 어디로 가는지 아는 힘 60

4장

**삶을 품위 있게
만드는 태도**

1. 감사하는 마음 – 당연함을 다시 바라보는 시선   66

2. 받아들임 – 바꿀 수 없는 것 앞에서의 용기   69

3. 의미 찾기 – 고통을 헛되게 두지 않는 태도   72

4. 고요함과 사유 – 생각이 머무는 자리   75

5. 죽음을 준비함 – 지금 이 순간을 살게 하는 힘   78

5장

**흔들리는 삶을
지켜내는 태도**

1. 자신에게 친절하기 – 함께 살아야 할 사람을 대하는 법   84

2. 회복 탄력성 – 무너지지 않는 힘이 아니라, 다시 서는 힘   87

3. 유머와 여유 – 삶을 심각하게 대하지 않는 지혜   90

4. 믿음 – 보이지 않아도 계속 걸어가게 하는 힘   93

5. 다시 선택하는 용기 – 언제든 방향을 바꿀 수 있다는 자유   96

6장

**나답게
살아가는 태도**

1. 자기 인식 – 나를 아는 만큼 흔들리지 않는 힘   102

2. 선택의 주체성 – 내 삶의 주인은 나라는 인식   105

3. 소명 의식 – 해야 할 일을 아는 마음   108

4. 단순함 – 덜어낼수록 선명해지는 삶   111

5. 자기 신뢰 – 끝까지 나와 함께 가겠다는 약속   114

7장

**세상과 함께
살아가는 태도**

1. 공감 – 옳고 그름보다 사람을 먼저 바라보는 시선   120

2. 책임 있는 시민의식 – 나의 선택이 사회가 된다는 인식   123

3. 공정함 – 유리할 때도 원칙을 지키는 태도   126

4. 연대 – 혼자가 아님을 잊지 않는 마음   129

5. 희망 – 세상을 전부 냉소로 보지 않는 용기   132

8장

**시간과 함께
성장하는 태도**

1. 기다림 – 때를 존중하는 마음   138

2. 반복을 견디는 태도 – 매일의 평범함을 무시하지 않는 힘   141

3. 되돌아보기 – 시간을 의미로 바꾸는 습관   144

4. 늦어도 괜찮다는 허락 – 자기 속도를 존중하는 태도   147

5. 축적을 믿는 마음 – 눈에 보이지 않아도 쌓이고 있다는 감각   150

9장

**실패와 함께
살아가는 태도**

1. 실패를 전부로 만들지 않기 – 결과와 존재를 분리하는 힘   156

2. 부끄러움을 이겨내는 태도 – 숨지 않고 견디는 용기   159

3. 도전할 수 있다는 믿음 – 끝이 아니라 과정으로 남기는 태도   162

4. 고통을 과장하지 않기 – 고통은 삶의 전부가 아니다   165

5. 실패 이후의 태도 – 다시 삶을 대하는 자세   168

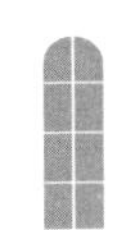

10장
습관으로 나를
다시 세우는
태도

1. 하루를 대하는 태도 – 오늘을 가볍게 넘기지 않는 마음 174

2. 작은 약속 지키기 – 스스로에 대한 신뢰를 쌓는 방법 177

3. 반복의 의미를 아는 태도 – 지루함 속에서도 가치를 보는 힘 180

4. 무너진 날을 다루는 태도 – 완벽하지 않은 하루를 정리하는 법 183

5. 계속하기를 선택하는 태도 – 포기 대신 지속을 택하는 마음 186

11장
혼자만의
시간을 대하는
태도

1. 혼자 있음의 가치 – 외로움과 고독을 구분하는 지혜 192

2. 침묵을 견디는 태도 – 즉각 반응하지 않는 힘 195

3. 자신에게 솔직해지는 시간 – 가장 정직해지는 순간 198

4. 쉼을 허락하는 태도 – 멈춰도 괜찮다는 위로 201

5. 다시 세상으로 나아가기 – 혼자였기에 더 단단해진 마음 204

12장
작은 기쁨과
감사로 삶을
단단하게
만드는 태도

1. 사소한 기쁨을 발견하기 – 일상 속에 숨은 순간을 보는 눈 210

2. 감사의 마음 키우기 – 일상을 소중히 받아들이는 연습 213

3. 오늘의 풍경을 느끼기 – 지나가는 시간에 마음을 내려놓음 216

4. 반복 속에서 의미 발견하기 – 지루한 하루 속에도 쌓이는 성장 219

5. 오늘의 선택으로 삶을 만들기 – 삶의 균형을 유지하는 결정들 222

 다시 삶으로 돌아가며... 226

1장

마음을 단단하게 하는 태도

마음이 단단한 사람은
강한 사람이 아니다.
쉽게 흔들리지 않는 사람이다.

세상의 소란과 타인의 평가보다
자기 안의 기준을 더 또렷하게 듣는 사람이다.
감정에 휩쓸리지 않되 감정을 외면하지 않고,
상처를 피하려 애쓰기보다 그것을 견디는 법을 안다.

마음을 단단하게 만든다는 것은
무뎌지는 것이 아니라
중심을 잃지 않는 연습에 가깝다.

마음을 단단하게 하는 태도는
세상에 맞서기 위해 마음을 세우는 태도가 아니라,
나 자신을 잃지 않기 위해 마음을 가다듬는
태도에 관한 질문에서 시작된다.

1
자기 존중

나를 함부로 대하지 않는 마음

나는 때로 나 자신에게 가장 가혹하다.

잘못 하나로 나를 부정하고,
결과 하나로 나의 가치를 판단한다.
그러나 마음을 단단하게 만든다는 것은
완벽해지는 것이 아니라,
실수한 나를 버리지 않는 태도를 갖는 일이다.

자기 존중은 자만이 아니다.
스스로를 귀하게 여길 줄 아는 사람만이
타인에게도 함부로 상처 주지 않는다.

오늘 나는
남들이 아니라, 나 자신 앞에서 존엄했는가.

"No one can make you feel inferior without your consent."

당신의 동의 없이는

그 누구도 당신을 하찮게 만들 수 없다.

– 엘리너 루스벨트 (Eleanor Roosevelt)

"To be yourself in a world that is constantly trying to make
you something else is the greatest accomplishment."

끊임없이 너를 다른 모습으로 만들려는
세상 속에서 끝내 자기 자신으로 남아 있는 것,
그것이 가장 위대한 성취다.

- 랄프 왈도 에머슨 (Ralph Waldo Emerson)

2
겸손

겸손한 사람은

자신을 작게 만들지 않는다.

다만, 모든 것을 이미 안다고

착각하지 않을 뿐이다.

마음이 단단한 사람은

자신의 한계를 인정할 줄 안다.

그래서 배우고, 그래서 고치고,

그래서 더 성숙해진다.

교만은 나를 지키는 방패 같지만

사실은 성장의 문을 닫는 자물쇠와 같다.

오늘 나는

배울 자리를 남겨두었는가.

"True knowledge exists in knowing that you know nothing, and

this is the highest degree of human wisdom."

참된 앎이란

자신이 아무것도 모른다는 사실을 아는 데 있다.

이것이 인간 지혜의 가장 높은 경지다.

- 소크라테스 (Socrates)

"Pride is concerned with who is right,

while humility is concerned with what is right,

and only humility keeps the door of growth open."

교만은 누가 옳은지에 관심을 두지만,

겸손은 무엇이 옳은지에 관심을 둔다.

오직 겸손만이 성장의 문을 열어둔다.

- C. S. 루이스 (C. S. Lewis)

3
인내

인내는 이를 악물고 견디는 것이 아니다.

때가 오기 전까지

서두르지 않는 선택이다.

모든 열매에는 익는 시간이 있고

모든 변화에는 통과해야 할 계절이 있다.

마음을 단단하게 만드는 사람은

결과보다 과정이 나를 만들고 있음을 믿는다.

조급함은 나를 소모시키고

인내는 나를 단단하고 깊게 만든다.

오늘 나는

무엇을 서두르고 있었는가.

 나는 기다림 속에서 어떤 태도로 존재하고 있는가?

"Patience is not simply the ability to wait,

but how we behave while we are waiting."

인내란 단지 기다릴 수 있는 능력이 아니라,

기다리는 동안 우리가

어떤 태도로 존재하는가에 관한 것이다.

- 조이스 마이어 (Joyce Meyer)

"Rivers know this: there is no hurry.

We shall get there some day."

강은 알고 있다.

서두를 필요가 없다는 것을.

우리는 결국, 언젠가 그곳에 이르게 된다는 것을.

- A. A. 밀른 (A. A. Milne)

4
평정심

요동치지 않음이 아니라, 다시 중심을 찾는 힘

평정심은 감정이 없는 상태가 아니다.
분노하고, 불안해하고, 흔들리면서도
그 감정에 나의 전부를 넘기지 않는 태도다.

마음이 단단한 사람은
폭풍 속에서도 중심을 찾으려 한다.
한 번 흔들려도
다시 제자리로 돌아오는 길을 알고 있다.

감정은 나의 일부이지
나의 주인은 아니다.

오늘 나는
어떤 감정에 나를 맡기고 있었는가.

🌿　지금 나를 괴롭히는 것은 사건인가, 나의 판단인가?

"If you are distressed by anything external,

the pain is not due to the thing itself, but to your judgment about

it; and this you have the power to revoke at any moment."

외부의 어떤 일로 괴로움을 느낀다면

그 고통은 사건 그 자체 때문이 아니라

그것을 바라보는 너의 판단에서 비롯된 것이다.

그리고 그 판단을 거둘 힘은 언제나 너에게 있다.

– 마르쿠스 아우렐리우스 (Marcus Aurelius)

"Feelings come and go like clouds in a windy sky.

Conscious breathing is my anchor."

감정은 바람 부는 하늘의 구름처럼

왔다가 사라진다.

의식적인 호흡이 나를 붙잡아 주는 닻이다.

– 틱낫한 (Thich Nhat Hanh)

5

침묵의 성숙함

생각을 회복하는 시간

사람들은 말하라 재촉하지만,

깊은 깨달음은 고요한 마음에서 나온다.

고요함은 도피가 아니라 회복이다.

침묵은 약함이 아니라 정돈이다.

생각할 줄 아는 사람만이

말과 행동에 무게를 실을 수 있다.

하루에 잠시라도

아무 말도 하지 않고

나의 마음을 듣는 시간이 필요하다.

오늘 나는

침묵을 허락했는가.

침묵의 성숙함

"The monotony and solitude of a quiet

life stimulate the creative mind."

고요한 삶의 단조로움과 고독은

사유하는 정신을 깨운다.

– 알버트 아인슈타인 (Albert Einstein)

"In order to understand the world,

one has to turn away from it on occasion."

세상을 이해하기 위해서는

때로 그로부터 잠시 물러날 필요가 있다.

– 알베르 카뮈 (Albert Camus)

마음을 단단하게 만드는 것은

세상과 싸우는 기술이 아니라

나를 지키는 태도를 하나씩 익혀가는 일이다.

2장

관계 속에서 나를 지키는 태도

사람은 혼자서 단단해지지 않는다.
관계 속에서 상처받고, 흔들리고.
다시 중심을 찾는 과정을 거치며 단단해진다.

타인은 때로 나를 비추는 거울이 되고,
때로는 나를 시험하는 경계가 된다.
그 사이에서 나는 어디까지가 배려이고
어디부터가 자기 포기인지 묻게 된다.

마음을 단단하게 만든다는 것은
사람을 밀어내는 법을 배우는 것이 아니라,
관계 속에서도 나 자신을 잃지 않는 선을 아는 일이다.

모두를 만족시키려다 가장 중요한 한 사람,
곧 나 자신을 놓치지 않기 위해
관계에는 거리보다 기준이 필요하다.

관계 속에서 나를 지키는 태도는
타인과 멀어지기 위한 태도가 아니라,
관계 속에서도 나의 중심을 지켜내기 위한
태도에 관한 질문에서 시작된다.

1
너그러움

너그러움은 모든 것을 참아내는 일이 아니다.
상대를 이기려 하지 않고
한 번 더 이해해 보려는 선택이다.

마음이 단단한 사람은
옳음보다 관계를 먼저 생각할 줄 안다.
그래서 불필요한 싸움을 줄이고
불필요한 상처를 남기지 않는다.

너그러움은 약함이 아니라
마음의 크기다.

오늘 나는
이기려 했는가, 이해하려 했는가.

"Whenever you are confronted with an opponent,

conquer him with love."

상대와 맞서게 될 때마다

그를 이기려 하지 말고, 사랑으로 대하라.

– 마하트마 간디 (Mahatma Gandhi)

"You never really understand a person until you consider things from his point of view-until you climb into his skin and walk around in it."

상대의 입장에서 사물을 바라보고,

그의 피부 속으로 들어가

그가 걷는 길을 함께 걸어보기 전까지는

그 사람을 진정으로 이해했다고 말할 수 없다.

– 하퍼 리 (Harper Lee)

2
용서

용서는 기억을 지우는 일이 아니다.

일어난 일을 없던 일로 만드는 것도 아니다.

다만, 그 사건이 내 마음을 계속

붙잡고 있지 않게 하는 선택이다.

마음을 단단하게 만든다는 것은

과거에 묶이지 않는 힘을 기르는 일이다.

용서하지 못한 감정은

결국 나를 가장 오래 괴롭힌다.

용서는 상대를 위한 미덕이 아니라

나를 위한 결단이다.

오늘 나는

무엇을 용서하고 있지 못하는가.

"Forgiveness is the remission of sins. For it is by this that

what has been lost, and was found, is saved from being lost

again."

용서란 잘못을 지워버리는 일이 아니라,

이미 잃었던 것을

다시 잃지 않도록 놓아주는 일이다.

- 성 어거스틴 (St. Augustine)

🌿 나는 아직도 나를 괴롭히는 감정을 놓아줄 수 없는가?

"Resentment is like taking poison and hoping the other person

will die, but wisdom lies in releasing oneself from that burden."

원망은 독을 마시고서

상대가 쓰러지기를 바라는 것과 같다.

지혜는 그 짐에서

자기 자신을 풀어주는 데 있다.

– 에픽테토스, (Epictetus)

3
경계 세우기
모두를 받아들이지 않아도 되는 용기

좋은 사람은

항상 좋은 얼굴을 해야 하는 사람이 아니다.

싫다고 말할 줄 알고

불편함을 인정할 줄 아는 사람이다.

경계는 벽이 아니라 기준이다.

이 선을 넘으면 아프다는 것을

스스로에게 알려주는 신호다.

마음이 단단한 사람은

거절하면서도 죄책감에 무너지지 않는다.

오늘 나는

나의 선을 지켰는가.

Daring to set boundaries

is about having the courage to love ourselves,

even when we risk disappointing others.

경계를 세운다는 것은

타인을 실망시킬 위험을 감수하면서도

나 자신을 사랑할 용기를 갖는 일이다.

– 브레네 브라운 (Brené Brown)

"He who is unable to live in society is either a beast or a god,

but he who lives only to please society loses himself."

공동체 속에서 살 수 없는 사람은

짐승이거나 신일 것이다.

그러나 사회를 만족시키기 위해서만 사는 사람은

결국 자기 자신을 잃는다.

- 아리스토텔레스 (Aristotle)

4

공동체 의식

혼자만 잘되려는 마음은

언젠가 나를 고립시킨다.

사람은 결국

사람 속에서 숨을 쉰다.

공동체 의식은

나를 희생하라는 말이 아니다.

내 선택이

타인의 삶과 이어져 있음을 아는 감각이다.

마음이 단단한 사람은

함께 살아가는 법을 아는 사람이다.

오늘 나는

누군가의 삶에 어떤 영향을 남겼는가.

나는 의도치 않은 결과까지, 책임질 준비가 되어 있는가?

"No one acts entirely alone; every choice echoes through

the lives of others, whether we intend it or not."

어떤 선택도 완전히 혼자서 이루어지지는 않는다.

의도했든 아니든 모든 행동은 누군가의 삶에 메아리로 남는다.

– 아리스토텔레스 (Aristotle)

"To live among others is not to surrender oneself, but to recognize that one's freedom carries consequences beyond the self."

타인 가운데서 살아간다는 것은

자신을 포기하는 것이 아니라, 자신의 자유가

자기 자신 너머에 미치는 결과를 인식하는 것이다.

– 한나 아렌트 (Hannah Arendt's)

5
존중

다름을 틀림으로 만들지 않는 태도

모든 사람은

나와 같은 방식으로 살지 않는다.

그 사실을 받아들이는 순간

관계는 훨씬 부드러워진다.

존중은 동의가 아니다.

이해하지 못해도

함부로 재단하지 않는 태도다.

마음을 단단하게 만드는 사람은

사람을 단순하게 보지 않는다.

오늘 나는

누군가를 쉽게 판단하지는 않았는가.

"The highest form of intelligence is the ability

to observe without evaluating."

가장 높은 수준의 지성이란

판단하지 않고

있는 그대로 바라볼 수 있는 능력이다.

- 지두 크리슈나무르티 (Jiddu Krishnamurti)

"When we reduce a person to a single idea,

we stop meeting them as a human being."

한 사람을 하나의 생각이나 기준으로 축소하는 순간

우리는 더 이상 그를 인간으로 만나지 않는다.

- 마르틴 부버 (Martin Buber)

관계 속에서 마음을 지킨다는 것은

사람을 멀리하는 일이 아니라

나를 잃지 않는 방식으로 가까워지는 일이다.

3장

삶을 앞으로 이끌어주는 태도

삶은 생각만으로는 앞으로 나아가지 않는다.
아무리 좋은 결심도
행동으로 옮겨지지 않으면
머무는 생각에 그친다.

결국 삶의 방향을 바꾸는 것은
거창한 결단이 아니라
오늘 내가 어떤 선택을 반복했는가에 달려 있다.

마음을 단단하게 만든다는 것은
언제나 잘 해내는 사람이 되는 것이 아니라
흔들리면서도 다시 일어남을
선택할 줄 아는 사람이 되는 일이다.

삶을 앞으로 이끌어주는 태도는
스스로를 다그치고 몰아붙이는 방식이 아니라
지치지 않게, 무너지지 않게
조용히 나를 앞으로 이끌어주는 질문에서 시작된다.

1
절제

절제는 욕망을 억누르는 일이 아니다.
중요하지 않은 것에
나의 에너지를 쓰지 않겠다는 결정이다.

마음을 단단하게 만드는 사람은
무엇을 더 가질까 보다
무엇을 덜 가질지를 먼저 생각한다.

그래서 삶이 가벼워지고
집중해야 할 것이 선명해진다.

절제는 결핍이 아니라
자유에 가까운 태도다.

오늘 나는
무엇을 내려놓음으로써 자유로워졌는가.

절제

나는 이미 충분한 것을 보지 못하고 있는 건 아닐까?

"It is not the man who has too little,

but the man who craves more, that is poor."

가난한 사람은

가진 것이 적은 사람이 아니라

더 많이 가지려는 욕망에 사로잡힌 사람이다.

- 세네카 (Seneca)

"The ability to simplify means to eliminate the unnecessary

so that the necessary may speak."

단순해질 수 있다는 것은

불필요한 것을 덜어내어

정말 필요한 것이 말할 수 있게 하는 힘이다.

- 한스 호프만 (Hans Hofmann)

2

꾸준함

꾸준함은 눈에 띄지 않는다.
그래서 사람들은 쉽게 포기한다.

하지만 삶을 바꾸는 것은
항상 눈에 띄지 않는 쪽이다.

마음이 단단한 사람은
하루의 작음을 믿는다.

한 번의 열정이 아니라
수많은 평범한 날들이
나를 만든다는 사실을 믿는다.

오늘 나는
멈추지 않기 위해 무엇을 했는가.

"A life is not changed by a single day,

but by what one is willing to repeat without applause."

삶은 하루의 결단으로 바뀌지 않는다.

아무도 박수치지 않는 일을

기꺼이 반복할 때 서서히 달라진다.

– 시몬 와일 (Simone Weil)

"Most powerful changes do not announce themselves;

they arrive disguised as routine."

가장 강력한 변화는 스스로를 드러내지 않는다.

그것은 대개 일상의 반복이라는 모습으로

조용히 찾아온다.

- 제임스 클레어 (James Clear)

3
자기계발

자기계발은

남보다 앞서기 위한 경쟁이 아니다.

어제의 나에게

조금 덜 부끄러워지기 위한 태도다.

배움을 멈추는 순간

생각은 굳어지고

삶은 반복된다.

마음을 단단하게 만드는 사람은

자신의 생각을

기꺼이 업데이트할 줄 안다.

오늘 나는

무엇을 새로 배웠는가.

"Once the mind has been stretched by a new idea,

it never returns to its original shape."

한 번 새로운 생각에 의해 확장된 마음은

다시는 이전의 형태로 완전히 돌아가지 않는다.

– 올리버 웬델 홈즈 시니어(Oliver Wendell Holmes Sr)

"To improve is to change; to be perfect is to change often."

성장한다는 것은 변화하는 것이고

완벽해진다는 것은 자주 변화할 수 있다는 뜻이다.

- 윈스턴 S. 처칠 (Winston S. Churchill)

4
책임감

책임감은 무거운 말처럼 들리지만
사실은 삶을 가볍게 만든다.

결과를 남 탓으로 돌리지 않을 때
비로소 내가 할 수 있는 일이 보인다.

마음이 단단한 사람은
핑계를 줄이고
선택을 늘린다.

책임은 나를 얽매는 족쇄가 아니라
삶의 주도권이다.

오늘 나는
어떤 선택을 책임졌는가.

"Man is condemned to be free; because once thrown into the

world, he is responsible for everything he does."

인간은 자유로울 수밖에 없다.

세상에 던져진 순간부터 자신이 행한 모든 선택에

책임을 지는 존재이기 때문이다.

- 장폴 사르트르 (Jean-Paul Sartre)

"Responsibility is not a burden imposed from outside,

but the structure that gives life its shape."

책임이란

밖에서 씌워진 짐이 아니라

삶에 형태와 방향을 부여하는 구조다.

- 빅터 E. 프랭클 (Viktor E. Frankl)

방향 감각

속도가 아니라, 어디로 가는지 아는 힘

빨리 가는 삶이
항상 좋은 삶은 아니다.

방향을 잃은 속도는
결국 나를 지치게 만든다.

마음을 단단하게 만드는 사람은
가끔 멈춰 서서
지금 가는 길이 맞는지 묻는다.

속도를 늦추는 용기는
방향을 지키는 지혜다.

오늘 나는
어디를 향해 가고 있는가.

"Sometimes the most productive thing you can do is stop

and reconsider the direction."

때로 가장 생산적인 선택은 더 빨리 가는 것이 아니라

잠시 멈춰 방향을 다시 묻는 일이다.

– 피터 드러커 (Peter Drucker)

"It is not speed that makes a life meaningful,

but alignment with what truly matters."

삶을 의미 있게 만드는 것은 속도가 아니라

진정 중요한 것과 나의 방향이 맞아 있는가이다.

– 쇠렌 키에르케고르 (Søren Kierkegaard)

삶을 앞으로 이끄는 것은

결심이 아니라, 오늘을 대하는 태도와

그 태도를 돌아보게 하는 질문이다.

4장

삶을 품위 있게 만드는 태도

삶의 품위는
얼마나 많은 성취를
쌓았는가에서 나오지 않는다.

그보다는 하루의 순간들을
어떤 태도로 대했는지에 따라 조용히 드러난다.

말 한마디를 고를 때의 망설임,
감정이 앞설 때 한 번 더 숨을 고르는 여유,
불필요한 소란 속에서 물러설 줄 아는 선택들이
삶의 결을 다르게 만든다.

삶을 품위 있게 산다는 것은
더 많이 드러내는 일이 아니라
불필요한 것을 덜어내며
자신과 세상을 대하는 기준을 지켜 가는 일이다.

삶의 품위는 그렇게 삶의 태도를
조금 더 단정하게 가다듬는 질문에서 시작된다.

1
감사하는 마음

감사는 특별한 날에만 떠올리는 감정이 아니다.

아무 일 없이 지나간 하루를

다시 귀하게 여기는 태도다.

마음이 단단한 사람은

부족한 것보다

이미 가진 것을 먼저 생각한다.

그래서 삶에 대한 원망이

조금씩 줄어든다.

감사는 삶을 바꾸기보다

삶을 바라보는 눈을 바꾼다.

오늘 나는

무엇에 고마움을 느꼈는가.

"Gratitude is not a response to what happens,

but a way of seeing what is already here."

감사는

일어난 일에 대한 반응이 아니라

이미 주어진 것을 다시 바라보는 방식이다.

– 데이비드 스타인들-라스트 (David Steindl-Rast)

"To be grateful is to recognize that life owes us nothing,

and yet gives us much."

감사란

삶이 나에게 아무것도 빚지지 않았음을

알면서도 이미 많은 것을 받았다고 인정하는 일이다.

- 데이비드 스타인들-라스트 (David Steindl-Rast)

2

받아들임

모든 것을 바꿀 수는 없다.

아무리 애써도
되돌릴 수 없는 순간들이 있다.

받아들임은 포기가 아니다.
현실과 싸우지 않겠다는 선택이다.

그 선택 위에서
비로소 내가 할 수 있는 일이 보인다.

마음을 단단하게 만드는 사람은
저항보다 이해를 택한다.

오늘 나는
무엇을 놓아주었는가.

"Do not seek for things to happen the way you

want them to; rather, wish that what happens happen as it

happens, and your life will go smoothly."

일이 내 뜻대로 되기를 바라지 말고

이미 일어난 일이 그대로 일어났음을 받아들여라.

그러면 삶은 불필요한 저항 없이 흘러간다.

– 에픽테토스(Epictetus)

"Acceptance of necessity is not resignation;

it is the beginning of clarity."

필연을 받아들인다는 것은 체념이 아니라

비로소 정확하게 보기 시작하는 일이다.

- 시몬 바이유 (Simone Weil)

3
의미 찾기

삶에는 이유 없이 아픈 순간들이 있다.

그러나 그 아픔이
아무 의미도 갖지 않아야 할 이유는 없다.

마음이 단단한 사람은
고통을 질문으로 바꾼다.

"왜 이런 일이 생겼을까"가 아니라
"이 경험이 나에게 무엇을 남길까"라고 묻는다.

의미를 찾는 순간
상처는 서사가 된다.

오늘 나는
어떤 경험을 이해하려 했는가.

"In suffering, we are given the chance to find meaning

that circumstances alone cannot provide."

고통 속에서 우리는

상황만으로는 얻을 수 없는

의미를 발견할 기회를 부여받는다.

- 빅터 E. 프랭클 (Viktor E. Frankl)

"What hurts but is reflected upon becomes wisdom;

what hurts without meaning remains only pain."

돌아보지 않은 고통은 그저 아픔으로 남지만

의미를 찾은 고통은 지혜가 된다.

- 폴 리쾨르 (Paul Ricoeur)

4

고요함과 사유

세상은 즉각적인 반응을 요구하지만,
삶은 서둘러 답한 사람보다 한 번 더
생각한 사람에게 더 분명한 길을 내어 준다.

고요함은 아무것도 하지 않는 시간이 아니라
생각이 흩어지지 않고 자리를 잡는 순간이다.

사유는 나를 세상에서 떼어 놓지 않는다.
오히려 나 자신과 상황을
더 정확히 바라보게 만든다.

마음을 단단하게 만든다는 것은
말하지 않는 시간을 견디며
침묵 속에서 스스로를 잃지 않는 법을
배워 가는 일이다.

오늘 나는
생각이 머물 자리를 주었는가.

"In quietness, the mind is not emptied but clarified."

고요함 속에서

마음은 비워지는 것이 아니라 맑아진다.

- 토마스 머튼 (Thomas Merton)

"Only those who can remain in silence are capable of true reflection."

침묵 속에

머무를 수 있는 사람만이

자기 자신을 깊이 사유할 수 있다.

- 쇠렌 키르케고르 (Søren Kierkegaard)

죽음을 준비함
지금 이 순간을 살게 하는 힘

죽음을 생각하는 일은
우울해지기 위함이 아니다.

오늘이 유한하다는 사실은
지금을 대충 살지 않게 만든다.

마음이 단단한 사람은
미루지 않는다.

사랑도, 사과도, 삶도
언젠가가 아니라 지금에 둔다.

유한함은 삶을 가볍게 하지 않고
오히려 더 진지하게 만든다.

오늘 나는
지금을 어떻게 살고 있는가.

"To practice death is to practice freedom; a man

who has learned how to die has unlearned how to be a slave."

죽음을 연습한다는 것은 자유를 연습하는 일이다.

어떻게 죽을지를 배운 사람은 어떻게 두려움에

지배되지 않을지도 배운다.

– 미셸 드 몽테뉴 (Michel de Montaigne)

"It is not death that a man should fear,

but he should fear never beginning to live."

두려워해야 할 것은

죽음이 아니라 끝내 살아보지 못하는 삶이다.

– 마르쿠스 아우렐리우스 (Marcus Aurelius)

삶의 품위는

더 많이 소유해서 생기는 것이 아니라

더 많은 의미를 부여할 때 생긴다.

5장

흔들리는 삶을 지켜내는 태도

삶은
언제나 단단할 수 없다.
아무리 마음을 다져도
예기치 않은 일 앞에서는
누구나 흔들린다.

흔들림은 실패의 증거가 아니라
살아 있다는 징후다.

중요한 것은
흔들리지 않는 사람이 되는 것이 아니라
흔들린 뒤에도
자기 자리를 다시 찾는 태도다.

흔들리는 삶을 지켜내는 태도는
무너지지 않는 강함이 아니라
무너진 후에도
삶을 다시 붙잡게 하는
태도의 질문에서 시작된다.

1
자신에게 친절하기

함께 살아야 할 사람을 대하는 법

우리는 종종
타인에게는 관대하면서
자신에게는 잔인하다.

마음이 단단한 사람은
실수한 자신을 몰아붙이기보다
조용히 등을 두드려준다.

"그래도 여기까지 잘 왔다"고 말해준다.

자기 자신과의 관계가 무너지면
그 어떤 삶도 오래 버티지 못한다.

오늘 나는
나에게 어떤 말을 건넸는가.

"You yourself, as much as anybody in the entire universe,

deserve your love and affection."

이 우주 전체에서 그 누구만큼이나

당신 자신 역시 사랑과 친절을 받을 자격이 있다.

– 부처 (Buddha)

"Self-compassion is simply giving the same kindness

to ourselves that we would give to others."

자기 연민이란

우리가 다른 사람들에게 주는 것과

똑같은 친절을 우리 자신에게 주는 것일 뿐이다.

– 크리스토퍼 거머 (Christopher Germer)

2
회복 탄력성

삶이 계획대로만 흘러간다면
단단해질 이유도 없다.

상처받고, 실패하고, 기대가 어긋날 때
사람은 진짜 태도를 배운다.

마음이 단단한 사람은
넘어지지 않으려 애쓰기보다
넘어진 자리에서 일어나는 법을 안다.

회복은 재능이 아니라
연습되는 태도다.

오늘 나는
어디에서 다시 시작했는가.

나는 실패 속에서 무엇을 배우고 있는가?

"Ever tried. Ever failed. No matter.

Try again. Fail again. Fail better."

시도했는가. 실패했는가.

상관없다. 다시 시도하라.

다시 실패하라. 더 나은 실패를 하라.

- 사무엘 베케트 (Samuel Beckett)

"You may encounter many defeats,

but you must not be defeated."

당신은 많은 패배를 만날 수도 있다.

그러나 패배당해서는 안 된다.

– 마야 안젤루 (Maya Angelou)

3
유머와 여유

모든 것을 진지하게 받아들이면
삶은 쉽게 무거워진다.

때로는 웃어넘길 수 있는 힘이
가장 현실적인 지혜다.

유머는 회피가 아니다.
삶에 짓눌리지 않기 위한
건강한 거리 두기다.

마음을 단단하게 만드는 사람은
자신을 웃음의 대상에
올려놓을 줄도 안다.

오늘 나는
얼마나 웃고 웃음을 주었는가.

 나를 너무 심각하게만 보고 있지는 않은가?

"If you can laugh at yourself,

you'll never run out of things to laugh at."

자신을 웃음거리로 삼을 수 있다면,

웃을 거리가 결코 떨어지지 않을 것이다.

– 에픽테토스 (Epictetus)

"Against the assault of laughter, nothing can stand."

웃음의 공격 앞에서는

그 어떤 것도 끝내 버텨낼 수 없다.

- 마크 트웨인 (Mark Twain)

4
믿음

보이지 않아도 계속 걸어가게 하는 힘

모든 길이

항상 분명하게 보이지는 않는다.

그럼에도 불구하고

한 걸음 더 내딛게 만드는 것이 믿음이다.

믿음은 종교만의 언어가 아니다.

삶이 결국 나를 배반하지는 않을 것이라는

조용한 신뢰다.

마음이 단단한 사람은

확신이 없어도 멈추지 않는다.

오늘 나는

무엇을 믿고 걸었는가.

"Faith is precisely the paradox that

the individual is higher than the universal."

믿음이란

개인이 보편적인 확실성보다 앞서는 역설이다.

- 쇠렌 키르케고르 (Søren Kierkegaard)

"Believe that life is worth living,

and your belief will help create the fact."

삶이 살 가치가 있다고 믿어라.

그러면 그 믿음이 그 사실을 만들어낼 것이다.

- 윌리엄 제임스 (William James)

5

다시 선택하는 용기

잘못된 길을

끝까지 가는 것이 성실함은 아니다.

멈추고, 돌아보고,

다시 선택하는 것도 용기다.

마음을 단단하게 만드는 사람은

과거의 선택에 인질이 되지 않는다.

지금의 나에게 맞는 길을

다시 선택할 줄 안다.

삶은 한 번의 결정으로

완성되지 않는다.

오늘 나는

무엇을 다시 선택했는가.

"I do not portray being; I portray passing.

I do not describe the essence, but the movement."

나는 존재를 그리지 않는다.

나는 지나감을 그린다.

나는 본질을 묘사하지 않고 움직임을 묘사한다.

– 미셸 드 몽테뉴 (Michel de Montaigne)

"One is not born, but rather becomes, a human being."

인간은 태어나는 것이 아니라,

만들어지는 것이다.

\- 시몬 드 보부아르 (Simone de Beauvoir)

삶을 지켜낸다는 것은

늘 강하게 버티는 일이 아니라

다시 살아보겠다고 선택하는 일을

끝내 포기하지 않는 것이다.

6장

나답게 살아가는 태도

단단한 삶의 끝에는
남처럼 사는 법이 아니라
나로 살아가는 법이 남는다.

정답을 찾는 것이 목적이 아니라
나의 선택과 삶에 책임지는 태도가 핵심이다.

타인의 시선과 기대가
흔들림의 원인이 될 수 있지만,
마음을 단단하게 만든 사람은
그 기준 속에서도 자신을 놓치지 않는다.

나답게 산다는 것은
자유를 허락하는 일이자,
결과에 책임을 지는 일이다.

삶은 타인이 정해주는 길이 아니라
나의 삶을 책임지는 질문에서 시작된다.

1
자기 인식

나를 모르면
타인의 말에 쉽게 흔들린다.

나를 알면
모든 말이 나를 흔들지 않는다.

자기 인식은 단점 찾기가 아니다.
내가 무엇에 약하고
무엇에 강한지를 아는 일이다.

마음이 단단한 사람은
자기 자신을 과대평가하지도,
과소평가하지도 않는다.

오늘 나는
나에 대해 무엇을 알게 되었는가.

"An unexamined life is not worth living,

for it leaves you at the mercy of every passing opinion."

성찰하지 않은 삶은 살 가치가 없다.

지나가는 모든 의견에 휘둘리게 되기 때문이다.

– 소크라테스 (Socrates)

"Be aware of your limitations, and in that awareness lies

the strength to face the world without fear."

자신의 한계를 인식하라.

그 인식 속에서 세상을 두려움 없이

맞설 수 있는 힘이 생긴다.

– 에픽테토스 (Epictetus)

2
선택의 주체성

내 삶의 주인은 나라는 인식

남의 기대에 맞춘 삶은

언젠가 나를 소진시킨다.

모두를 만족시키는 선택은

결국 아무도 책임지지 않는 선택이 된다.

마음을 단단하게 만드는 사람은

선택의 이유를

자기 안에서 찾는다.

그래서 결과 앞에서도

도망치지 않는다.

오늘 나는

누구의 기준으로 선택했는가.

"Do not let the behavior of others destroy your inner peace.

The choice is always yours."

타인의 행동이

당신의 내적 평화를 파괴하게 두지 마십시오.

선택은 항상 당신에게 달려 있습니다.

– 달라이 라마 (Dalai Lama)

Man cannot discover new oceans

unless he has the courage to lose sight of the shore,

and take full responsibility for his journey.

사람은 해안선을 떠날 용기를 가지지 않고서는

새로운 바다를 발견할 수 없다.

자신의 여정에 대한 완전한 책임을 질 때만이 가능하다.

– 앙드레 지드 (André Gide)

3
소명 의식

소명은 거창한 단어처럼 들리지만
결국은 이것이다.

"이 일은 누군가가 해야 하고
나는 그 일을 외면하지 않겠다."

마음이 단단한 사람은
자신의 자리가 어디인지 안다.
그리고 그 자리에서
성실하게 머문다.

소명은 발견되는 것이 아니라
살아가며 만들어진다.

오늘 나는
내가 해야 할 일을 외면하지 않았는가.

"The things you are passionate about are not random,

they are your calling."

당신이 열정을 쏟는 것들은 우연이 아닙니다.

그것들은 바로 당신의 소명입니다.

– 파비엔 프레드릭슨 (Fabienne Fredrickson)

Duty is not always glamorous, but it is the quiet devotion

that shapes the life of a strong soul.

의무는 항상 화려하지는 않지만,

강한 영혼의 삶을 형성하는 것은 바로 그 조용한 헌신이다.

– 랄프 왈도 에머슨 (Ralph Waldo Emerson)

4
단순함

많을수록 좋은 삶은

생각보다 금방 무너진다.

해야 할 일, 보고 싶은 것,

가지고 싶은 것이 많아질수록

마음은 분산된다.

마음을 단단하게 만드는 사람은

삶을 정리할 줄 안다.

덜어냄으로써

가장 중요한 것을 남긴다.

오늘 나는

무엇을 비웠는가.

"Simplicity is the ultimate sophistication;

the less you clutter your life,

the clearer your purpose becomes."

단순함은 궁극의 정교함이다.

삶을 덜 복잡하게 만들수록, 당신의 목적은 더욱 선명해진다.

– 레오나르도 다 빈치 (Leonardo da Vinci)

"The more you have, the more you are distracted.

The art of life lies in subtracting rather than adding."

가질수록 마음은 분산된다.

삶의 기술은 더하는 것이 아니라, 덜어내는 데 있다.

- 마르쿠스 아우렐리우스 (Marcus Aurelius)

5
자기 신뢰

끝까지 나와 함께 가겠다는 약속

모든 선택이 옳을 수는 없다.

그러나 어떤 선택이든

그 뒤에 서줄 사람은 필요하다.

그 사람이 바로 나 자신이다.

자기 신뢰는

항상 잘할 것이라는 믿음이 아니다.

실패해도

나를 버리지 않겠다는 약속이다.

마음이 단단한 사람은

자기 자신을 떠나지 않는다.

오늘 나는

나를 믿어주었는가.

"Have patience with everything unresolved in your heart

and try to love the questions themselves."

당신의 마음속에서

아직 해결되지 않은 모든 것에 인내를 가져라.

그리고 그 질문들 자체를 사랑하려 애써라.

– 라이너 마리아 릴케 (Rainer Maria Rilke)

나는 내 자신을 충분히 신뢰하고 있는가?

"Trust yourself. You know more than you think you do."

자신을 믿어라.

네가 생각하는 것보다 더 많은 것을 알고 있다.

– 벤저민 스팍 (Benjamin Spock)

나답게 산다는 것은

특별해지는 일이 아니라

끝까지 나로 남겠다는 믿음으로

조용히 책임지는 일이다.

7장

세상과 함께 살아가는 태도

단단해진 마음은
자기 안에만 머물지 않는다.

삶을 견뎌내며 다져진 태도는
말과 행동, 그리고 선택의 방향으로
자연스럽게 드러난다.

나만 지키려는 태도는
언젠가 경계가 되지만,
함께 공감하는 단단함은
세상과 연결되는 힘이 된다.

세상과 함께 살아간다는 것은
모든 것에 맞추어 자신을 지우는 일이 아니라,
서로 다른 속도와 상처를 지닌 삶들 사이에서
어떤 태도로 마주할 것인가를
끊임없이 질문하는 일에서 시작된다.

1
공감

공감은

상대의 삶을 대신 살아주는 일이 아니다.

그 사람의 자리에 잠시 서서

세상을 바라보려는 선택이다.

마음이 단단한 사람은

말로 앞서기보다

귀를 먼저 내어준다.

판단을 앞세우기보다

마음감정의 결을 택한다.

공감은 세상을 단번에 바꾸지는 못하지만,

지금 이 순간

누군가를 덜 외롭게 만드는 힘이 된다.

오늘 나는

누군가의 말을 끝까지 들어주었는가.

"Compassion is not a relationship between the healer

and the wounded. It's a relationship between equals."

연민은

치유하는 자와 상처 입은 자 사이의 관계가 아니다.

그것은 동등한 존재들 사이의 관계다.

– 페마 초드론 (Pema Chödrön)

"Love is the extremely difficult realization

that something other than oneself is real."

사랑이란

자기 자신이 아닌 다른 어떤 존재가

실재한다는 사실을 깨닫는 극도로 어려운 인식이다.

– 아이리스 머독 (Iris Murdoch)

2
책임 있는 시민의식
나의 선택이 사회가 된다는 인식

나의 말 한마디,
나의 행동 하나는
생각보다 더 멀리 간다.

그래서 우리는 늘
서로의 환경이 된다.

마음을 단단하게 만드는 사람은
자유만 누리지 않는다.
그 자유가 만들어내는 결과까지
함께 생각한다.

성숙한 삶은
개인의 이익에서 멈추지 않는다.

오늘 나는
어떤 영향을 남겼는가.

"Liberty lies in the rights of that person

whose views you find most odious."

자유란

당신이 가장 혐오하는

견해를 가진 사람의 권리 속에 존재한다.

- H. L. 멘켄 (H. L. Mencken)

"The health of a democratic society may be measured

by the quality of functions performed by private citizens."

민주주의 사회의 건전성은

시민들이 수행하는 기능의 질로 측정될 수 있다.

– 알렉시스 드 토크빌 (Alexis de Tocqueville)

3
공정함

공정함은

불리할 때 내세우는 구호가 아니다.

나에게 이익이 돌아오는 자리에서도

넘지 말아야할 선을 스스로 지키는 일이다.

마음이 단단한 사람은

당장의 이득보다

지켜야 할 기준을 먼저 생각한다.

그래서 말보다 행동으로 신뢰를 남긴다.

공정함은

굳이 자신을 변명하지 않아도

자연스럽게 사람의 마음을 설득하는 힘이다.

오늘 나는

원칙을 선택했는가, 편의를 선택했는가.

"He who wishes to be just must be so even

when it is not to his advantage."

정의롭고자 하는 사람은

그것이 자신에게 유리하지 않을 때에도

정의로워야 한다.

- 아리스토텔레스 (Aristotle)

"Justice consists in doing no injury to men;

decency in giving them no offense."

정의란 사람에게 해를 끼치지 않는 것이며,

품위란 그들에게 모욕을 주지 않는 것이다.

\- 키케로 (Cicero)

4
연대

혼자가 아님을 잊지 않는 마음

모든 문제를

혼자 해결할 수는 없다.

도움을 요청하고

손을 내미는 것도

삶의 중요한 태도다.

마음을 단단하게 만드는 사람은

약함을 숨기지 않는다.

함께 가는 길이

더 멀리 간다는 사실을 알기 때문이다.

연대는 의존이 아니라

함께 책임지는 방식이다.

오늘 나는

누구와 연결되어 있었는가.

혼자가 아님을 잊지 않는 마음

"No man is an island, entire of itself;

every man is a piece of the continent, a part of the main."

어느 누구도 그 자체로 완전한 섬은 아니다.

모든 인간은 대륙의 한 조각이며 전체의 한 부분이다.

– 존 던 (John Donne)

"We are not put on this earth for ourselves alone."

우리는 이 땅에 오로지

우리 자신을 위해서만 존재하는 것이 아니다.

– 키케로 (Cicero)

5

희망

세상은

실망스러운 순간이 더 많다.

그래서 쉽게

비웃고, 냉소하고, 등을 돌린다.

그러나 마음이 단단한 사람은

끝까지 희망을 남겨둔다.

바뀌지 않을 것 같아 보여도

완전히 포기하지는 않는다.

희망은 착각이 아니라

삶의 태도이기 때문이다.

오늘 나는

세상을 어떻게 바라보았는가.

"Hope is not the conviction that something will turn out well,

but the certainty that something makes sense,

regardless of how it turns out."

희망은

무언가가 잘 될 것이라는 확신이 아니라,

결과가 어떻든 간에 무언가가 의미가 있다는 확신이다.

- 바츨라프 하벨 (Václav Havel)

"Even in the darkest of times

we have the right to expect some illumination."

가장 어두운 시대 속에서도

우리는 어떤 빛을 기대할 권리가 있다.

– 한나 아렌트 (Hannah Arendt)

단단한 삶이란

나만 무너지지 않는 삶이 아니라

함께 살아갈 자리를

조금 더 단단하게 만드는 태도다.

8장

시간과 함께 성장하는 태도

삶은
단번에 단단해지지 않는다.

시간이 필요하고,
반복이 필요하며,
때로는 멈춰 서서
되돌아보는 순간이 필요하다.

서두른다고
깊어지지는 않는다.
견뎌낸 시간만이
사람을 조금씩 바꾸어 간다.

시간과 함께 성장하는 태도는
시간을 재촉하거나 두려워하지 않고,
적이 아닌 삶의 동반자로
받아들이는 질문에서 시작된다.

1
기다림

때를 존중하는 마음

모든 일에는

서두른다고 앞당겨지지 않는 순간이 있다.

기다림은 아무것도 하지 않는 시간이 아니라

지금 할 수 없는 일을

억지로 하지 않겠다는 선택이다.

마음이 단단한 사람은

때가 오지 않았음을 인정할 줄 안다.

그래서 불필요한 상처를 줄인다.

기다림은

포기가 아니라 신중함이다.

오늘 나는

무엇을 기다리고 있는가.

"Nature does not hurry, yet everything is accomplished."

자연은

서두르지 않지만, 모든 것은 이루어진다.

- 노자 (老子)

"Restlessness is often the sign of a weak will;

patience, of a strong one."

불안함은 종종 의지가 약한 증거이며,

인내는 강한 의지의 증거이다.

- 구스타브 르 봉 (Gustave Le Bon)

반복을 견디는 태도

매일의 평범함을 무시하지 않는 힘

삶의 대부분은

눈에 띄지 않는 날들로 이루어져 있다.

같은 하루, 비슷한 감정,

변화 없어 보이는 시간들.

마음을 단단하게 만드는 사람은

이 반복 속에서

자신이 만들어지고 있음을 안다.

그래서 오늘을 함부로 대하지 않는다.

성장은

조용한 반복 위에서 일어난다.

오늘 나는

어떤 일들을 반복했는가.

"We are what we repeatedly do.

Excellence, then, is not an act, but a habit."

우리는 반복적으로

행하는 것이 바로 우리 자신이다.

그러므로 탁월함은 한 번의 행동이 아니라 습관이다.

– 아리스토텔레스 (Aristotle)

"Day by day, what you choose, what you think,

and what you do is who you become."

날마다 당신이 선택하는 것,

생각하는 것, 행하는 것이 곧 당신이 되어간다.

– 헤라클레이토스 (Heraclitus)

3
되돌아보기

앞만 보고 달리다 보면

어디서 왔는지 잊어버린다.

가끔 멈춰 서서

지나온 길을 돌아보는 일은

삶을 정리하는 중요한 태도다.

마음이 단단한 사람은

과거를 후회로만 두지 않는다.

경험으로 정리하고 배움으로 남긴다.

되돌아봄은 자신을

바로 세우는 성찰의 시작이다.

오늘 나는

무엇을 돌아보며 성찰했는가.

"Man has no nature; what he has is history."

인간에게는

타고난 본성이 있는 것이 아니라,

그가 가진 것은 자신의 역사다.

– 호세 오르테가 이 가세트 (José Ortega y Gasset)

Life can only be understood backwards;

but it must be lived forwards."

삶은 뒤돌아보아야만 이해할 수 있지만,

앞으로 나아가며 살아야 한다.

– 쇠렌 키르케고르 (Søren Kierkegaard)

4
늦어도 괜찮다는 허락

모두가 같은 속도로

살 필요는 없다.

빠름이 미덕이 되는 시대일수록

자기 속도를 지키는 일은

더 큰 용기가 된다.

마음을 단단하게 만드는 사람은

비교보다 방향을 중시한다.

조금 늦더라도

자기 삶을 놓치지 않는다.

늦음은 실패가 아니라

서로 다른 박자일 뿐이다.

오늘 나는

누구의 속도를 따라가고 있었는가.

"Live the questions now. Perhaps you will then gradually,

without noticing it, live along some distant day into the answer."

지금은 질문들과 함께 살아가라.

그러면 어느 날, 알아차리지 못한 채

그 해답 속으로 살아 들어가게 될지도 모른다.

– 라이너 마리아 릴케 (Rainer Maria Rilke)

"Duration is the continuous progress of the past which

gnaws into the future and which swells as it advances."

지속성은

과거가 미래를 갉아먹으며 앞으로

나아가면서 부풀어 오르는 지속적인 진행이다.

– 앙리 베르그송 (Henri Bergson)

5
축적을 믿는 마음

지금의 노력은

당장 눈에 띄는 결과로 드러나지 않을 수 있다.

그러나 삶은

지나가는 모든 순간을

아무것도 기록하지 않는 법은 없다.

마음이 단단한 사람은

아직 보이지 않는 변화와 성장을 믿는다.

그래서 조급함에 흔들리기보다

오늘 해야 할 몫을 묵묵히 살아낸다.

시간은 말없이도

진실을 증명하기 때문이다.

오늘 나는

무엇을 쌓고 있었는가.

"We are what we repeatedly do.

Excellence, then, is not an act, but a habit."

우리는 반복적으로 행하는 것이 바로 우리 자신이다.

그러므로 탁월함은 한 번의 행동이 아니라 습관이다.

– 아리스토텔레스 (Aristotle)

나는 일상의 작은 선택을 소홀히 하고 있지 않는가?

"What we do every day matters more than

what we do once in a while."

우리가 매일 하는 일이

가끔 하는 일보다 더 중요하다.

- 그레첸 루빈 (Gretchen Rubin)

삶을 굳건하게 만드는 것은

순간의 결심이 아니라, 어제와 다르지 않은

선택을 오늘도 포기하지 않는 마음가짐이다.

실패와 함께 살아가는 태도

삶에는 피할 수 없는 순간들이 있다.

계획이 어긋나고,
노력이 결과로 이어지지 않으며,
자신이 초라해 보이는 날들이다.

실패는 예외적인 사건이 아니라
삶을 살아가는 과정 속에
반복해서 등장하는 한 장면에 가깝다.

실패와 함께 살아가는 태도는
실패를 없애는 법이 아니라
실패 앞에서 스스로를 부정하지 않고,
넘어진 자리에서도 자기 자신과의 관계를
지켜내는 질문에서 시작된다.

1

실패를 전부로 만들지 않기

실패는 아프다.

그러나 실패가

나의 전부는 아니다.

마음이 단단한 사람은

결과 하나로

자기 자신을 정의하지 않는다.

일이 잘못되었을 뿐

사람이 잘못된 것은 아니라는 사실을 안다.

실패는 사건이지

정체성이 아니다.

오늘 나는

어떤 결과에 나를 묶어두고 있었는가.

"You are not your failures; you are what you do after them."

당신은 실패 그 자체가 아닙니다.

실패 이후에 무엇을 하느냐가 바로 당신입니다.

- 장 폴 사르트르 (Jean-Paul Sartre)

 실패가 나의 존재를 정의하지 않음을 이해하고 있는가?

"Failure does not exhaust the meaning of a life."

실패가 삶의 의미를 다 소진하지는 않는다.

- 폴 리코어 (Paul Ricœur)

2
부끄러움을 이겨내는 태도

실패 뒤에는
대개 부끄러움이 남는다.

그래서 우리는
고개를 숙이고,
자신을 숨기고 싶어진다.

마음을 단단하게 만드는 사람은
그 감정을 부정하지 않는다.
도망치지 않고 조용히 겪어 낸다.

부끄러움은
사라질 대상이 아니라
겪고 지니갈 감정이다

오늘 나는
무엇을 숨기고 싶었는가.

"The strongest people are those who feel deeply,

yet do not run from it."

가장 강한 사람들은 깊이 느끼면서도

그 감정으로부터 도망치지 않는 사람들이다.

– 클라리사 핑크올라 에스테스 (Clarissa Pinkola Estés)

"One does not become enlightened by imagining

figures of light, but by making the darkness conscious."

빛의 형상을 상상함으로써 깨달음을 얻는 것이 아니라,

어둠을 의식함으로써 깨달음을 얻는다.

- 칼 구스타프 융 (Carl Gustav Jung)

3
도전할 수 있다는 믿음

한 번의 실패로

모든 가능성이 사라지지는 않는다.

다만, 한 가지 방법이

작동하지 않았을 뿐이다.

마음이 단단한 사람은

실패를 기록으로 남긴다.

그리고 다음 선택의 재료로 삼는다.

다시 시도한다는 것은

무모함이 아니라

경험을 존중하는 태도다.

오늘 나는

무엇을 다르게 해볼 수 있을까.

Failure is instructive. The person who really thinks learns

quite as much from his failures as from his successes."

실패는 교훈적이다.

진정으로 생각하는 사람은 성공에서

얻는 것만큼이나 실패에서도 똑같이 많은 것을 배운다.

- 존 듀이 (John Dewey)

"Our greatest glory is not in never failing,

but in rising every time we fail."

우리의 가장 큰 영광은

결코 실패하지 않는 데 있지 않고,

실패할 때마다 다시 일어서는 데 있다.

- 공자 (孔子)

4

고통을 과장하지 않기

고통은 삶의 전부가 아니다

고통 가운데에 있으면

지금 느끼는 감정이

끝없이 이어질 것처럼 보인다.

그러나 대부분의 아픔은

시간을 통과하며 서서히 결을 바꾸고,

다른 경험으로 남는다.

마음이 단단한 사람은

지금의 고통을 삶 전체로 확대하지 않는다.

한 순간을 운명으로 착각하지 않기 때문이다.

이 아픔은 지나가는 과정이지,

삶의 전부는 아니다.

오늘 나는

어떤 고통을 크게 보고 있었는가.

"Nothing is permanent in this wicked world,

not even our troubles."

이 사악한 세상에서

영원한 것은 아무것도 없다. 우리의 고통조차도.

- 찰리 채플린 (Charlie Chaplin)

"If you are distressed by anything external,

the pain is not due to the thing itself, but to your estimate of it."

만약 당신이

외부적인 어떤 것에 의해 괴로움을 느낀다면,

그 고통은 그 사물 자체 때문이 아니라

당신이 그것을 평가하는 방식 때문이다.

- 마르쿠스 아우렐리우스 (Marcus Aurelius)

5

실패 이후의 태도

다시 삶을 대하는 자세

실패는

그 자체보다

그 이후의 태도로

의미가 결정된다.

마음을 단단하게 만드는 사람은

넘어진 자리에서

삶을 미워하지 않는다.

다만, 조금 더 신중해진다.

실패는

삶을 포기하라는 신호가 아니라

방식을 바꾸라는 신호다.

오늘 나는

실패 이후를 어떻게 살고 있는가.

"I have not failed.

I've just found 10,000 ways that won't work."

나는 실패한 것이 아니다.

단지 통하지 않는 방법 1만 가지를 발견했을 뿐이다.

\- 토마스 A. 에디슨 (Thomas A. Edison)

"The impediment to action advances action.

What stands in the way becomes the way."

행동을 가로막는 장애물이

오히려 행동을 촉진한다.

길에 가로막힌 것이 곧 길이 된다.

- 마르쿠스 아우렐리우스 (Marcus Aurelius)

실패가 나를 단단하게 하는 이유는

한 번도 넘어지지 않았기 때문이 아니라,

무너진 자리에서 다시 삶을 선택하는

용기를 배우게 하기 때문이다.

10장

습관으로 나를 다시 세우는 태도

삶은 한 번의 결심으로 바뀌지 않는다.
대부분의 변화는
눈에 띄지 않는 반복 속에서 일어난다.

아무도 주목하지 않는 순간에
내가 무엇을 선택하는지가
조금씩 삶의 방향을 만든다.

습관은 거창한 계획이 아니라
매일 무심히 반복되는 태도다.
그래서 삶을 바꾸고 싶다면
의지를 다그치기보다
하루를 다루는 방식을 돌아봐야 한다.

습관으로 나를 다시 세우는 태도는
대단해지기 위한 다짐이 아니라
오늘을 견디며 쌓아 올리는
작은 선택들의 질문에서 시작된다.

1
하루를 대하는 태도
오늘을 가볍게 넘기지 않는 마음

하루는 사소해 보이지만

삶은 그 하루들이 쌓여 만들어진다.

오늘을 함부로 보내는 습관은

언젠가 삶 전체를 흐리게 만든다.

마음이 단단한 사람은

모든 날을 특별하게 만들려 하지 않는다.

다만, 자기 하루를 스스로 버리지 않는다.

완벽하지 않아도 의식 있게 살고,

흘려보내지 않아도 될 순간을

조용히 붙잡는다.

하루를 존중하는 태도가

결국 삶을 존중하는 방식이 된다.

오늘 나는

오늘을 어떻게 사용했는가.

"One day is enough to make us a little larger or,

another time, a little smaller."

하루라는 시간은

우리를 조금 더 크게 만들기에도,

또는 조금 더 작게 만들기에도 충분하다.

- 폴 클레 (Paul Klee)

"Life is made up of days that mean nothing

and moments that mean everything."

삶은 아무 의미 없어 보이는 날들과

모든 것을 의미하게 되는 순간들로 이루어져 있다.

- 귀스타브 플로베르 (Gustave Flaubert)

2
작은 약속 지키기

사람은 타인보다 먼저
자기 자신에게 약속을 한다.
그리고 그 약속은
가장 쉽게 미뤄지고 가장 자주 어겨진다.

사소한 다짐 하나를 넘기는 순간
자기 신뢰는 눈에 띄지 않게
조금씩 닳아간다.

마음을 단단하게 만드는 사람은
거창한 계획을 세우기보다
오늘 지킬 수 있는 약속을 선택한다.

자기 신뢰는 힌 번에 만들어지지 않으며
작은 실천이 반복될 때 비로소 쌓이는 결과물이다.

오늘 나는
어떤 약속을 지켰는가.

"Character is the ability to carry out a good resolution

long after the excitement of the moment has passed."

성품이란 순간의 흥분이 오래 지나간 후에도

선한 결심을 실행에 옮길 수 있는 능력이다.

– 캐벳 로버트 (Cavett Robert)

"The faculty of promising is the remedy

for the unpredictability of the future."

약속하는 능력은

미래의 예측 불가능성에 대한 해결책이다.

– 한나 아렌트 (Hannah Arendt)

3

반복의 의미를 아는 태도

지루함 속에서도 가치를 보는 힘

반복은 쉽게 지루해진다.

그래서 우리는 늘

새로운 자극을 좇는다.

그러나 삶을 바꾸는 힘은

대개 눈에 띄지 않고,

지루하다고 여겨지는 쪽에 있다.

마음이 단단한 사람은

반복을 피하지 않는다.

오히려 그 안에서

자신이 조금씩 빚어지고 있음을 안다.

반복은 우연이 아니라,

성장을 이루는 가장 확실한 방식이다.

오늘 나는

무엇을 반복하며 살았는가.

"It's not what we do once in a while that shapes our lives,

but what we do consistently."

우리 삶을 형성하는 것은

가끔 하는 일이 아니라 꾸준히 하는 일이다.

- 토니 로빈스 (Tony Robbins)

"Through repetition, we learn. Through learning, we become."

반복을 통해 우리는 배운다.

배움을 통해 우리는 성장한다.

– 아리스토텔레스(Aristotle)

4
무너진 날을 다루는 태도

모든 날이
계획대로 흘러가지는 않는다.

아무것도 하지 못한 날,
스스로가 실망스러운 날도 있다.

마음을 단단하게 만드는 사람은
그 하루를 통째로 버리지 않는다.

잘못된 하루를
다음 하루의 출발점으로 바꾼다.

실패한 하루와
실패한 삶은 다르다.

오늘 나는
하루를 어떻게 마무리했는가.

"Begin again every day, as if it were on purpose."

매일 다시 시작하라,

마치 의도한 것처럼.

- 켄 포이로 (Ken Poirot)

"It's fine to celebrate success,

but it is more important to heed the lessons of failure."

성공을 축하하는 것도 좋지만,

실패의 교훈을 경청하는 것이 더 중요합니다.

- 빌 게이츠 (Bill Gates)

5

계속하기를 선택하는 태도

무언가를 시작하는 일은 누구에게나 어렵다.

그러나 더 어려운 것은,
시작한 것을 조용히 지켜내는 일이다.
그래서 많은 결심은 흔적도 없이 사라진다.

삶을 단단하게 만드는 사람은
완벽해질 때까지 기다리지 않는다.

대신 오늘도 이어갈 수 있는 선택을 한다.
비록 서툴고 느릴지라도
멈추는 대신 한 걸음을 남긴다.

계속함이란 현실 속에서 자신을
포기하지 않는 가장 솔직한 용기다.

오늘 나는
무엇을 계속하고 있는가.

"Success is the sum of small efforts,

repeated day in and day out."

성공은 매일매일 반복되는

작은 노력들의 총합이다.

– 로버트 콜리어 (Robert Collier)

"Great works are performed not by strength,

but by perseverance."

위대한 업적은

힘으로 이루어지는 것이 아니라 인내로 이루어진다.

– 사무엘 존슨 (Samuel Johnson)

삶을 바꾸는 습관은

대단한 결심에서 시작되지 않는다.

오늘을 대하는 태도가 내일의 나를 만든다.

혼자만의 시간을 대하는 태도

삶이 단단해질수록
사람은 점점 소란에서 멀어진다.
말을 늘리기보다 귀를 낮추고,
앞으로 달리기보다 자기 안으로 천천히 돌아온다.

혼자 있는 시간은 비어 있는 순간이 아니다.
그동안 흩어졌던 마음을 모으고,
다시 정돈하는 가장 조용한 기회다.

마음을 단단하게 만드는 사람은
침묵을 피하지 않고 생각과 감정을
차분히 가라앉히고, 자신에게 질문을 한다.

결국 혼자만의 시간을 대하는 태도는
외로움을 밀어내는 데서가 아니라,
혼자 있는 시간을 기꺼이 받아들이는
하나의 질문에서 시작된다.

1
혼자 있음의 가치

혼자 있다는 것이

곧 외로움을 뜻하지는 않는다.

외로움은 사람이 없어서가 아니라,

마음이 머물 곳을 잃었을 때 생긴다.

어떤 이는 외로움 속에서 자신을 잃고,

어떤 이는 고독 속에서 자신을 회복한다.

차이는 상황이 아니라

그 시간을 대하는 태도에 있다.

삶이 단단한 사람은

혼자 있음을 피하지 않는다.

스스로 그 시간을 선택해

침묵 속에서 마음의 결을 다시 맞춘다.

고독은 결핍이 아니라,

나를 발견하는 가장 정직한 초대다.

오늘 나는

고독함을 어떻게 대하고 있는가.

"Solitude is the soil in which genius is planted,

creativity grows, and legends bloom."

고독은 천재가 뿌리내리고,

창의력이 자라나며, 전설이 피어나는 토양이다.

– 마이크 노턴 (Mike Norton)

"Loneliness expresses the pain of being alone

and solitude expresses the glory of being alone."

외로움은 홀로 있는 고통을 표현하고,

고독은 홀로 있는 영광을 표현한다.

– 폴 틸리히 (Paul Tillich)

2
침묵을 견디는 태도

우리는 너무 자주
바로 말하고, 바로 판단하고,
바로 결론 내리려 한다.

그러나 어떤 순간에는
말하지 않는 편이
더 정확할 때도 있다.

마음이 단단한 사람은
침묵을 허용한다.
생각이 익을 시간을
스스로에게 준다.

침묵은
공백이 아니라 여백이다.

오늘 나는
무엇 앞에서 잠시 멈췄는가.

"Learn to be silent. Let your quiet mind listen and absorb."

침묵하는 법을 배우라.

고요한 마음으로 듣고 흡수하라.

– 피타고라스 (Pythagoras)

나는 혼자 있는 시간을 어떤 방식으로 즐기고 있는가?

"Spend time alone to discover your true thoughts

in solitude, the heart speaks clearly."

혼자 있는 시간을 보내며 진정한 생각을 발견하라.

고독 속에서 마음은 분명히 말한다.

– 라이너 마리아 릴케 (Rainer Maria Rilke)

3

자신에게 솔직해지는 시간

가장 정직해지는 순간

혼자 있을 때
우리는 더 이상
보여줄 필요가 없다.

그래서 그 시간은
가장 솔직해질 수 있는 순간이다.

마음이 단단한 사람은
이 시간을 피하지 않는다.
불편한 생각과 감정을
내려놓음으로 가벼워짐을 즐긴다.

자기 자신에게
정직하고 솔직해지는 태도는
삶 전체를 단단하게 만든다.

오늘 나는
나에게 무엇을 인정했는가.

자신에게 솔직해지는 시간

"To be honest with oneself is the first step toward strength of character."

자신에게 솔직해지는 것이

인격의 강인함을 향한 첫걸음이다.

– 시몬 베일 (Simone Weil)

"Knowing yourself is the beginning of all wisdom.

Only in facing your own thoughts and feelings honestly

can you truly grow and shape your life."

자신을 아는 것이 모든 지혜의 시작이다.

오직 자신의 생각과 감정을 정직하게 마주할 때

비로소 진정으로 성장하고 삶을 가꿀 수 있다.

- 아리스토텔레스 (Aristotle)

4

쉼을 허락하는 태도

쉼은
게으름이 아니다.

계속 달리기 위해
잠시 숨을 고르는 일이다.

마음이 단단한 사람은
자신을 소모품처럼 쓰지 않는다.

쉴 줄 알기에
다시 움직일 수 있다.

쉼은
삶을 오래 쓰기 위한 기술이다.

오늘 나는
스스로에게 쉼을 허락했는가.

"Rest and self-care are so important.

When you take time to replenish your spirit,

it allows you to serve others from the overflow."

휴식과 자기 관리는 매우 중요합니다.

영혼을 채우는 시간을 가질 때,

넘쳐흐르는 마음으로 타인을 섬길 수 있게 됩니다.

- 엘리너 브라운 (Eleanor Brown)

"Almost everything will work again if you unplug

It for a few minutes, including you."

몇 분 동안 플러그를 뽑아두면

거의 모든 것이 다시 작동할 거예요.

당신도 포함해서요.

– 앤 라못 (Anne Lamott)

5

다시 세상으로 나아가기

혼자였기에 더 단단해진 마음

혼자의 시간은

도착지가 아니라

출발점이다.

그 안에서 정리한 마음으로

우리는 다시 사람 속으로,

삶 속으로 돌아간다.

마음이 단단한 사람은

혼자였던 시간을

세상을 살아갈 힘으로 바꾼다.

혼자만의 시간은

삶을 버티는 뿌리가 된다.

오늘 나는

어떤 마음으로 다시 나아갈 것인가.

"Solitude is not the absence of love,

but its complement; it is the space in which we cultivate

our inner strength to return to life fully."

고독은 사랑의 부재가 아니라 그 보완물이다.

그것은 우리가 삶의 온전한 회복을 위해

내면의 힘을 기르는 공간이다.

– 파울로 코엘류 (Paulo Coelho)

"In order to understand the world,

one has to turn away from it on occasion;

only then can one come back with eyes wide open."

세상을 이해하려면 때로는 그곳에서 등을 돌려야 한다.

그럴 때만이 눈을 크게 뜨고 돌아올 수 있다.

– 알베르 카뮈 (Albert Camus)

삶이 나를 단단하게 했다는 증거는

강해졌다는 감각이 아니라,

홀로 있어도 스스로를 지탱할 수 있는

마음을 갖게 되었을 때다.

12장

작은 기쁨과 감사로 삶을
단단하게 만드는 태도

삶을 단단하게 만드는 힘은
거창한 사건이나 큰 성취에서 오지 않는다.

눈에 띄지 않게 지나가는 하루,
아무 일 없었다는 사실을 알아차리는 순간,
작은 기쁨을 놓치지 않는 마음에서 자라난다.

작은 기쁨과 감사로 삶을 단단하게 세우는 태도는
더 많은 것을 얻기보다
이미 주어진 것을 인식하는 태도,
일상의 사소함 속에서 의미를 발견하며
자기 삶을 조용히 지탱하는 방식에서 시작된다.

행복을 크게 만들기보다
삶을 쉽게 무너지지 않게 만드는
작은 감각들을 되짚는 질문이기도 하다.

1
사소한 기쁨을 발견하기

기쁨은 언제나 크고
또렷한 모습으로 찾아오지 않는다.

대부분은 서두르지 않을 때,
고개를 조금 낮췄을 때 비로소 보이는 자리에 있다.

마음이 단단한 사람은
행복을 먼 미래의 조건으로 미루지 않는다.
지금 이 순간에 깃든 작은 온기를
삶의 한 부분으로 받아들인다.

아무 일도 일어나지 않았던 하루,
무사히 저물어 가는 저녁,
문득 마음이 느슨해진 짧은 순간 하나를 붙잡아
그날을 살아낸 충분한 이유로 삼는다.

오늘 나는
어떤 사소한 기쁨을 놓치지 않았는가.

"Enjoy the little things, for one day you may look back

and realize they were the big things."

작은 것들을 즐겨라.

언젠가 돌아보면 그것들이

큰 것들이었음을 깨닫게 될 지도 모르니까.

- 로버트 브로 (Robert Brault)

"Happiness is not something ready-made.

It comes from your own actions."

행복은 이미 완성된 채 주어지는 것이 아니다.

우리가 살아내는 태도 속에서 스스로 만들어진다.

- 달라이 라마 (Dalai Lama)

2
감사의 마음 키우기

감사는

특별한 사건이 있을 때만

비로소 생겨나는 감정이 아니다.

마음이 단단한 사람은

눈에 띄지 않는 배려와

말없이 지나간 친절을

그냥 흘려보내지 않는다.

평범함을

소홀히 대하지 않을 때,

삶은 스스로의 무게를 회복한다.

오늘 나는

어떤 순간에 감사했는가.

"Let us be grateful to people who make us happy;

they are the charming gardeners who make our souls blossom."

우리를 행복하게 해주는 사람들에게 감사하자.

그들은 우리 영혼에 꽃을 피워내는 매력적인 정원사들이다.

– 마르셀 프루스트 (Marcel Proust)

 나는 이미 가진 것을 '충분하다'고 받아들이고 있는가?

"Gratitude turns what we have into enough, and more.

It turns denial into acceptance, chaos into order."

감사는 우리가 가진 것을 충분함 그 이상으로 바꾼다.

부정을 수용으로, 혼돈을 질서로 바꾼다.

– 멜로디 비티 (Melody Beattie)

3
오늘의 풍경을 느끼기
지나가는 시간에 마음을 내려놓음

우리는 너무 자주
하루를 통과할 뿐, 마주하지 않는다.

마음이 단단한 사람은
속도를 늦추고 주변을 바라본다.

스쳐 가던 공기의 결,
잠시 머문 빛의 온도,
아무 뜻 없어 보이던 장면 하나에
의식을 머무르게 한다.

그렇게 하루를 느끼기 시작할 때,
삶은 단순한 일정이 아니라
경험으로 채워진 시간이 된다.

오늘 나는
어떤 순간에 집중하며 하루를 살았는가.

"Life is not measured by the number of breaths we take,

but by the moments that take our breath away."

삶은 우리가 숨 쉬는 횟수로 측정되는 것이 아니라,

숨이 멎을 만큼 놀라운 순간들로 측정된다.

– 마야 안젤루 (Maya Angelou)

"The real voyage of discovery consists not in seeking

new landscapes, but in having new eyes."

진정한 발견의 여정은

새로운 풍경을 찾는 데 있지 않고,

새로운 눈을 갖는 데 있다.

– 마르셀 프루스트 (Marcel Proust)

4

반복 속에서 의미 발견하기

매일은 비슷한 얼굴로 찾아온다.

눈에 띄는 변화도, 극적인 사건도 없이

시간은 조용히 같은 자리를 맴도는 듯하다.

그러나 마음이 단단한 사람은 안다.

이 무심해 보이는 반복 속에서

자신의 태도와 기준이

조금씩 형태를 갖추고 있다는 것을.

눈에 드러나지 않는 성실과

계속해서 이어지는 작은 선택들이

오늘의 나를 만들고,

내일의 나를 지탱한다.

오늘 나는

반복되는 일 속에서 어떤 의미를 찾았는가.

🌿 지금 내가 가볍게 넘기는 것들이 사실은 인생의 본질은 아닐까?

"Life is not made up of great sacrifices

or duties, but of little things."

인생은

위대한 희생이나 의무로 이루어진 것이 아니라,

사소한 일들로 이루어져 있다.

– 험프리 데이비 (Humphry Davy)

"The monotony of life is not a failure

of experience, but its condition."

삶의 단조로움은 경험의 실패가 아니라

경험이 성립되기 위한 조건이다.

– 시몬 베일 (Simone Weil)

5

오늘의 선택으로 삶을 만들기

삶의 균형을 유지하는 결정들

삶은 한 번의 결단으로 바뀌지 않는다.

대부분은 아무도 보지 않는

순간에 내린 선택들이

조용히 방향을 틀어 놓는다.

마음이 단단한 사람은

내일을 걱정하기보다

오늘 어떤 태도로 살았는지를 돌아본다.

사소해 보이는 선택 하나,

미루지 않기로 한 마음,

흘려보내지 않기로 한 순간이

하루를 지탱하고

결국 삶의 형태를 만들어 간다.

오늘 나는

어떤 선택으로 하루를 채워갔는가.

"Life is made up of small decisions

that seem insignificant at the time."

삶은 그 순간에는 대수롭지 않아 보이는

작은 결정들로 이루어져 있다.

– 존 C. 맥스웰 (John C. Maxwell)

"Nothing we do is insignificant. Every act leaves its mark."

"우리가 하는 어떤 일도 사소하지 않다.

모든 행동은 흔적을 남긴다."

– 조지 엘리엇 (George Eliot)

눈에 띄지 않는 순간과

가볍게 지나칠 선택들을 존엄하게 대할 때,

삶은 서서히 밀도를 얻고,

존재는 자기 안에서 깊이를 생성해 간다.

이 책의 마지막 장을 덮는 지금,
아마도 당신은 무언가를 새롭게 알게 되었다기보다
이미 알고 있었지만 애써 지나쳐 왔던 마음들을
다시 만났다는 느낌에 더 가까울지도 모릅니다.

우리는 늘 더 나은 삶을 꿈꾸면서도
그 삶이 어디에서부터 시작되는지는 자주 잊습니다.
삶을 바꾸는 것은 거창한 결심이 아니라,
아무도 보지 않는 하루의 태도라는 사실을
이 책은 처음부터 끝까지 조용히 되묻고자 했습니다.

이 책에 담긴 문장들은 당신을 앞서 이끌기보다,
당신의 걸음 옆에서 속도를 맞추려 했습니다.
다그치지 않고, 재촉하지 않으며,
"괜찮다"는 말보다
"지금 어떤 태도로 살아가고 있는가"라는
질문을 남기고 싶었습니다.

필사를 하며 적어 내려간 문장들 중에는
쉽게 손이 움직이지 않던 문장도 있었을 것입니다.
마음이 머뭇거렸던 문장, 지금의 삶과 맞닿아 있어
차마 빨리 넘길 수 없었던 문장도 있었을 것입니다.
그러나 바로 그 지점이 이 책이 머물고자 했던 자리입니다.

삶이 단단해진다는 것은 더 강해지는 것이 아니라,
흔들리는 자신을 함부로 다루지 않게 되는 일입니다.
넘어졌을 때 스스로를 몰아세우지 않고,
지쳐 있을 때 이유 없이 자신을 미워하지 않으며,
다시 선택할 수 있다는 가능성을
끝내 놓지 않는 태도에 가깝습니다.

이 책이 당신의 하루를 완벽하게 만들지는 못할 것입니다.
그러나 하루를 조금 더 정직하게 바라보는 시선은
남겨줄 수 있기를 바랍니다.

사소한 선택을 가볍게 넘기지 않는 마음,
반복되는 일상 속에서도 의미를 묻는 태도,
그리고 무엇보다 자기 자신을 존중하며
살아가려는 조용한 결심 말입니다.

이 책을 덮은 뒤에도 삶은 여전히 흔들릴 것이고,
관계는 여전히 어렵고, 하루는 여전히 바쁘게 흘러갈 것입니다.
그럼에도 어느 순간 문득,
이 책의 문장 하나가 당신의 걸음을 잠시 멈추게 하거나
다시 중심으로 돌아오게 만든다면
그것으로 이 책은 제 역할을 다한 셈일 것입니다.

부디 당신의 삶이
늘 단단하기만 하기를 바라지는 않습니다.
대신, 흔들릴 때마다 다시 돌아올 수 있는
자기만의 태도를 잃지 않기를 바랍니다.
그 태도들이 쌓여
당신만의 삶의 결을 만들고,
시간이 지나 돌아보았을 때
"나는 나를 함부로 대하지 않고 살아왔다"고
말할 수 있기를 진심으로 바랍니다.

이 책과 함께
당신의 하루 한 문장, 당신의 태도 하나가
조용히 단단해졌기를 바랍니다.